TRAITÉ RAISONNÉ d'Équitation

par

P. A. Aubert

ex-professeur-Écuyer de l'École Royale d'Application pour les officiers d'État-Major.

Lith. de C. Motte.

Paris.

chez l'Auteur rue Neuve de Berry, N.° 1, Champs-Elysées

&

à la Librairie Militaire Anselin et Gaultier-Laguionie,

Rue et Passage Dauphine N.° 36.

Pl. 1. Chap. 1, page 13.

De la tenue et du Costume de Manége

Voila comment M.r de Chabannes soumet la position du cavalier à une analyse géométrique. — L'analyse de la structure matérielle du cheval nous le représente dans l'ensemble de ses parties solides, sous la forme d'un cylindre un peu aplati et, par analogie, peut être représenté sous la figure d'un carré long XY. — Le centre de gravité de cette figure se trouverait au point d'intersection des lignes verticale et horizontale qui la partageraient également dans ses deux dimensions, c'est à dire au point A. Mais si l'on fait entrer dans la combinaison le poids de la tête et de l'encolure qui font partie intégrante de la masse, ce centre de gravité se trouvera transporté un peu en avant au point B, (un pied plus ou un peu moins.) C'est donc dans la direction verticale de ce point B que doit être placé le centre de gravité du cavalier. — Les diverses parties qui concourent au maintien de l'équilibre du cavalier sur le cheval étant placées convenablement, peuvent être représentées par les lignes MN, NO, OP, sans qu'il soit nécessaire de calculer rigoureusement la pesanteur spécifique de chacune de ces lignes; on voit que leur centre de gravité commun remplira les conditions requises, lorsque celle MN, qui représente le poids du corps et celle OP, qui représente celui des jambes, seront l'une un peu en arrière, l'autre un peu en avant du point B, tandis que celle NO, représentant la pesanteur des cuisses, aura sa tendance dans la direction directe de ce point B. — Cela posé et admis il devient facile de concevoir le jeu mécanique auquel sont assujetties ces différentes lignes ou les parties qu'elles représentent, pour se trouver toujours en parfait rapport avec les mouvements du cheval. On voit d'abord que dans cette subdivision du corps en trois parties, deux sont nécessairement mobiles; savoir, la partie supérieure et les jambes, et ne le sont pas par un acte spontané du cavalier, mais bien par l'impression qu'elles reçoivent des diverses actions du cheval, tandis que les fesses et les cuisses n'étant assujetties à aucun mouvement peuvent être qualifiées de partie immobile. Toutefois il est bon d'observer qu'il n'est point ici question de cette immobilité absolue telle qu'elle pourrait résulter d'un corps qui adhérerait de force à un autre, mais seulement de cette passivité qui n'assujettit à d'autre mouvement qu'à celui qui lui imprimerait une réaction plus ou moins énergique (1). — Pour en revenir à notre démonstration je dis que si les lignes MN et CB qui dans l'état de repos se trouvent former angles droits conservaient toujours toutes deux leur situation relative, lorsque celle CB dans l'état de mouvement prendrait toute autre situation telle que FD, il en résulterait que la ligne MN se trouverait transportée en position évidemment vicieuse, et qui mettrait toute la machine hors d'équilibre. Il est donc indispensable que dans ce mouvement elle se maintienne dans sa direction verticale MN. Le même raisonnement pouvant s'appliquer à tous les cas où la ligne CB qui représente la situation du cheval dans l'état de repos, prendrait une autre direction quelconque, il s'ensuit évidemment, et il reste, je crois, bien démontré que le tronc, qui se trouve uni au cheval au point N, comme par une charnière se trouve obligé de participer à tous ses mouvements dans le même sens que le ferait une branche de compas qui, astreinte à conserver la situation verticale, se trouverait en même temps soumise aux variations de son pivot. — On conçoit aussi que, par la même raison, les jambes étant comme suspendues à l'extrémité des cuisses, et devant, dans leur état d'inaction, conserver leur situation naturelle, c'est-à-dire la direction verticale, se trouvent nécessairement soumises à un jeu perpétuel à leur articulation avec le genou, mouvement qui est absolument indépendant de celui que leur imprime la volonté du cavalier lorsqu'il veut les faire agir (2). — Je dois faire observer que le haut du corps de l'homme ne doit être strictement dans la verticale ou ligne de fil à plomb que quand le cheval est arrêté sur place; quand l'animal est en mouvement au grand trot le haut du corps du cavalier doit être un peu en arrière de cette verticale afin de pouvoir conserver son aplomb, attendu que dans ce cas comme dans plusieurs autres, sa tendance naturelle est de se porter en avant. Sur le sauteur dans le moment de la ruade, il faut se placer encore plus en arrière pour ne pas être jeté sur l'encolure; c'est ce qui explique pourquoi les écuyers recommandent avec raison de porter souvent le haut du corps en arrière, mais l'assiette n'en doit pas moins rester dans la verticale autant que possible. Cette ligne en traversant l'assiette fera angle droit avec celle déterminée par le dos du cheval ou le siège de la selle, si l'animal est d'aplomb sur ses quatre jambes portant sur un sol égal; l'angle sera plus ou moins aigu selon qu'il élevera le devant par une courbette ou une pointe, ou élevera l'arrière train par une ruade. Dans ces différents cas la verticale que nous voyons ici traverser la tête par le milieu se trouvera plus rapprochée soit de l'œil soit de l'oreille du cavalier. — Dans la marche au pas, étant bien d'aplomb et lié au mouvement de son cheval, on sent que le haut du corps vient à chaque pas un peu en avant puis se reporte un peu en arrière alternativement; ce mouvement est presque insensible à l'œil, mais il n'en a pas moins lieu. Alternativement aussi la verticale se trouve plus rapprochée de l'œil ou de l'oreille du cavalier, mais comme on ne peut communiquer le mouvement au dessin le mieux fait, il est difficile d'éviter que sur le papier le cavalier ne paraisse ou un peu trop en avant ou un peu trop en arrière. — Il m'importait de faire cette observation à la suite de la démonstration géométrique que j'emprunte à M.r de Chabannes. Cette observation expliquera aussi pourquoi presque tous les cavaliers que je représente dans cet ouvrage ont plutôt le haut du corps en arrière que juste dans la verticale; c'est que d'abord il y a une infinité de raisons où il doit être ainsi et ensuite c'est que le cavalier qui paraît un peu trop en arrière sur le dessin, se trouve juste dans la ligne voulue, quand il est dans cette position sur le cheval mis en mouvement.

Position du Cavalier sans étriers la jambe abandonnée à sa pesanteur et déterminant la direction de la cuisse par cette même pesanteur

(1) Cette observation a particulièrement pour objet de faire sentir combien serait absurde et erroné de prendre à la lettre l'épithète d'immobile qu'on donne à ces parties et qu'il faut que pour les rendre telles, on croit ne pouvoir mieux faire que de fortement les serrer; ce qui est moyen sûr de ne savoir jamais monter à cheval.

(2) Cette doctrine sur ce mouvement obligé du corps et des jambes paraîtra sans doute fort étrange à tous ceux qui font une loi aux cavaliers de tenir toujours le corps raide, les reins ployés et les jambes toujours plaquées contre le ventre du cheval, préceptes dont le simple bon sens suffirait pour faire sentir l'abus.

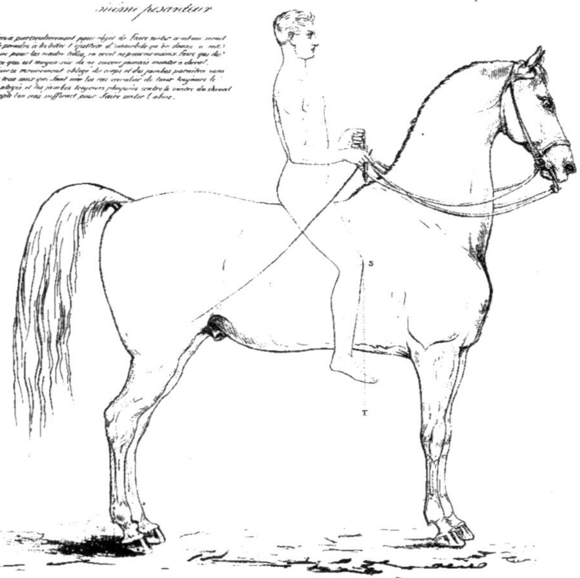

On voit que la jambe tombant naturellement sans être soutenue par l'étrier, s'incline un peu de devant en arrière le talon se trouvant rapproché de la ligne qui passe par le centre de gravité; (V. pages 32 et suivantes).

En abaissant une perpendiculaire ST devant le genou cette ligne au lieu de tomber sur le cou-de-pied comme dans l'autre figure, tombe vers la pointe qui se trouve plus basse que le talon. Le pied sans étrier dépasse la perpendiculaire de deux pouces environ.

Position du Cavalier la jambe étant soutenue par l'étrier.

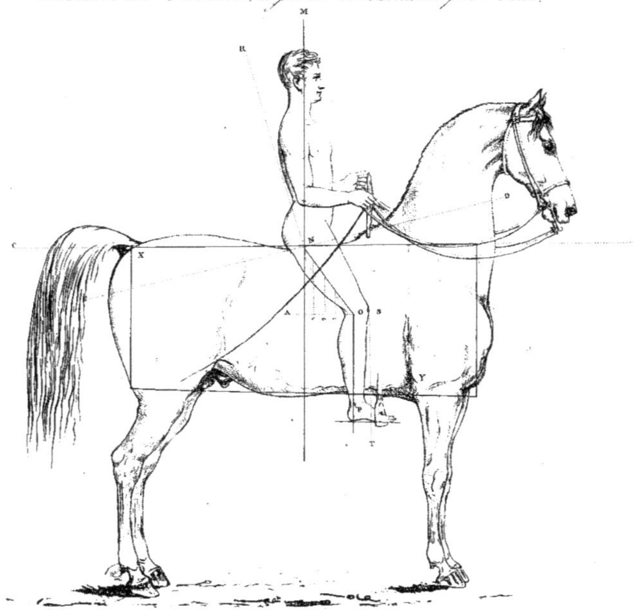

En abaissant une perpendiculaire ST devant le genou, cette ligne tombe d'aplomb sur le cou-de-pied; la jambe est également perpendiculaire et portée sur l'étrier; le pied qui fait angle droit avec elle, dépasse cette perpendiculaire de sa longueur à partir du cou-de-pied.

PL. III (V. le texte Chap. 3.)

Nécessité de la belle position.

En reproduisant ici les portraits fidèlement rendus d'un vieil Écuyer de Louis XV et d'un jeune Écuyer de Charles X j'ai voulu montrer que la manière d'être placé à Cheval suivant les bons principes de notre École n'a point éprouvé de changement depuis environ un siècle qu'on a su allier l'aplomb de la base à la justesse des aides. Après cela la taille, la conformation, la forme des habits plus ou moins avantageuses peuvent rendre aussi l'Écuyer plus ou moins gracieux. Je sais qu'on peut être très régulièrement placé à Cheval sans y avoir de grâce mais c'est se tromper étrangement que de croire que l'on acquiert une gracieuse aisance en s'affranchissant de toute règle et de tout principe de Position.

M.r de Nestier Écuyer de la grande Écurie du Roi Louis XV
1730 (V. la Note page 127)

M.r le Vicomte d'Abzac Écuyer du Roi Charles X.
1825.

Pl. 4. (V. Chap. 4, Page 17 et suiv. où la Pl. 3 est indiquée par erreur.)

Préparation pour monter à Cheval ou Leçon du Montoir.

1er Temps.

6e et 7e Temps.

14ème Temps.

Pl. V. (V. Chap. 5 pages 21 et suiv. où la Pl. 3 est indiquée par erreur)

De la Leçon de pied ferme ou sur place.

Démonstration par le toucher.

Démonstration par le geste.

Lith. de C. Motte.

Pl. VI. (V. Chap. 6. pages 74 et suiv.)

Leçon pour descendre de Cheval.

1er Temps. 5ème Temps. 9ème Temps.

Pl. VII. *(V. Chap. 7 pages 26 et suiv. où la Pl. V est indiquée par erreur.)*

De la leçon à la Longe.

C'est dans cette leçon surtout que l'on doit employer la selle à piquet qui détermine tout de suite la bonne assiette et conséquemment l'assurance de la main de la bride. L'Élève étant à son aise n'emploie ni force ni raideur et c'est alors qu'il peut comprendre le maître et profiter de sa leçon. Tout le contraire arrive quand on le fait débuter avec une selle anglaise ou une mauvaise selle française, mal rembourrée, sur laquelle il se blesse quand il veut se rapprocher du pommeau.

Piste à droite, la bride dans la main gauche.

Piste à gauche ; la bride dans la main droite.

Pl. 8. (V. Chap. 8 pages 34 et suivantes)

Des Selles.

Selle rase à la Française.

Selle à piquet de Manège.

Selle à l'Anglaise.

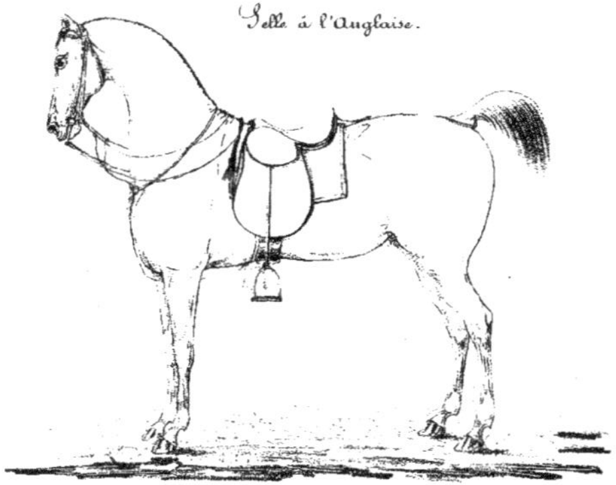

Selle à la Royale.

Lith. de C. Motte

Pl. IX. (V. Chap. IX pages 36 et suivantes)

De la première leçon en liberté

Le Commençant est placé à la fin de la reprise : il ne tient pas encore le bridon et mène son cheval de la main à la main

PL. 10. (V. Chap. 14 pages 36 et suiv. ou la pl. 3 est indiquée par erreur.)

De la position des mains et de la tenue des rênes.

1ère Position de la main de la Bride sans tenir le bridon, Piste à Droite.

2ème Position de la main de la bride sans tenir le bridon, Piste à gauche.

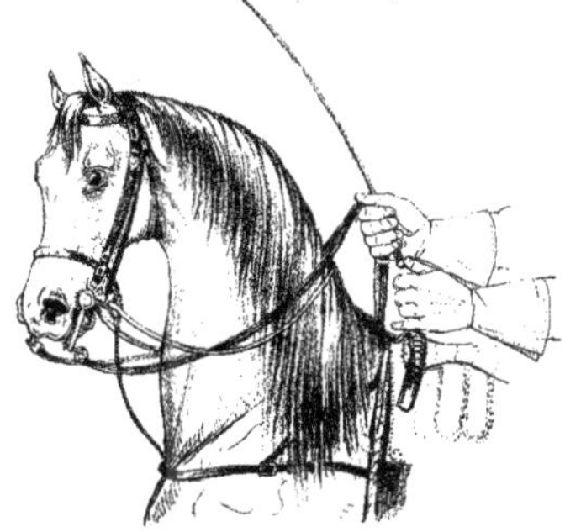

1re Position de la main de la bride en tenant le bridon.

2ème Position de la main de la bride en tenant le bridon.

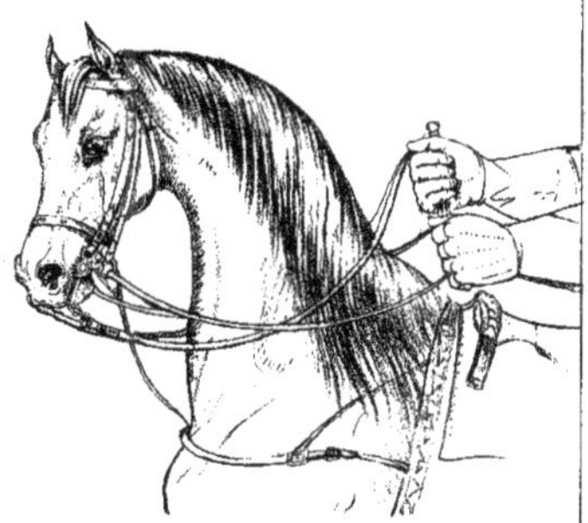

Les Rênes tenues à la 3ème Position sur une piste comme sur l'autre.

Position des mains et tenue des rênes avec les bridons d'école sur une piste comme sur l'autre.

Pl. XI. (V. Ch. XV. pages 99 et 100.)

De l'aide de la gaule.

Lith. de C. Motte.

PL : XII. (V. Chap. 21 pages 101 et suivantes.

Des Éperons.

Les meilleurs éperons pour l'école sont ceux dits de Manège ; ils sont en fer et vernis en noir : une Charnière mobile permet à la branche de se contourner sur le contrefort de la botte et de s'y fixer solidement sans blesser le talon. C'est le modèle du Manège de Versailles et sans contredit le plus gracieux, le plus commode et le mieux entendu pour que les Élèves puissent sans danger, monter toute sorte de chevaux. Ce modèle se fait encore en plaqué ou en Argent. A l'école de Saumur où il est aussi adopté, on porte l'éperon en fer verni dans la petite tenue et en cuivre dans la grande.

L'éperon se compose du Collet 1. le quel porte la Mollette 2. des Branches 3. des Charnières 4. des Boutons 5. et de la Boucle 6. A cet éperon est joint une garniture en cuir qui sert à le fixer sur la botte et à l'ôter à volonté. Deux pièces composent cette garniture le dessous de pied 7. et le dessus du pied 8.

J'ai déjà dit qu'il importait qu'un cavalier sut bien ajuster ses éperons c'est à dire bas, près de l'emboîtage de la botte ce qui dépend de la juste longueur du dessous de pied. Il ne manque pas de gens qui se croyent bien bottés à l'Écuyère avec de très longs éperons qui remontent vers le milieu de la jambe à la manière des postillons de messageries. C'est une preuve qu'ils n'ont jamais fréquenté les manèges où la tenue était observée ; généralement ils sont aussi négligés dans leur travail que dans leur tenue.

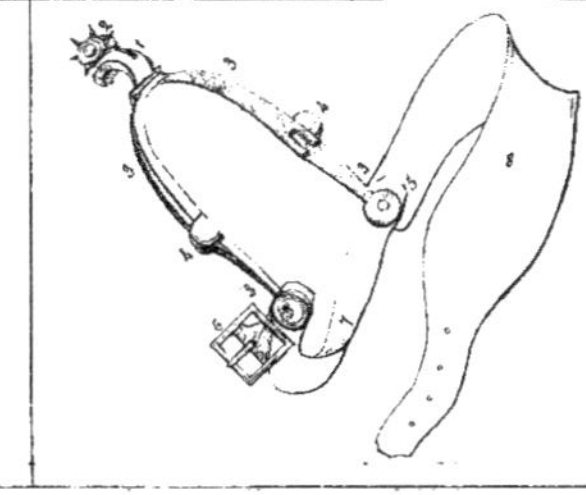

Cavalier démonté par un vieux cheval d'École pour l'avoir piqué des éperons sans avoir d'abord fermé ses cuisses et assuré son assiette.

Le cavalier bien assuré joint à l'attaque des éperons, le vigoureux coup de gaule derrière la botte il reste au temps prêt à recommencer cette correction.

Élève ôtant ses éperons avant de monter le sauteur chose très facile et très prompte avec des éperons de manège difficile longue ou impossible avec des éperons modernes.

Des Mors.

Les principales parties du Mors se composent savoir : 1.° de l'Embouchure . 2.° des Branches . 3.° de la Gourmette .

de l'Embouchure .

Bossette

Bossette

1.° Le Billot .	2. Gorge de Pigeon . liberté basse et sauvée .	3. Gorge de Pigeon . la liberté ou canon montant .	4. Pas d'Ane .
	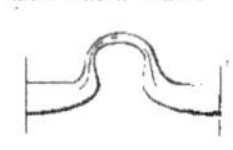	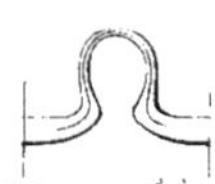	
[illegible]	[illegible]	[illegible]	[illegible]
5. Pied de Chat .	6. Berge .	7. Liberté de langue renversée	8. Canons à ...
		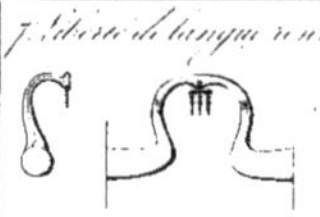	
[illegible] La berge convient uniquement aux chevaux ... ne peut être dirigée que par une main exercée ... autrement le remède serait pire que le mal	On emploie cette embouchure pour les chevaux qui ont la mauvaise habitude de passer la langue par dessus ; quand elle est arrivée ... elle est forcée de retomber à sa place .	[illegible]

Observations sur l'embouchure en général

Toutes les Embouchures à la française c'est à dire celles raisonnées sur la conformation de la bouche du cheval et d'accord avec les principes de l'Equitation doivent être faites par des éperonniers ... fabriquées par des ouvriers qui ne savent ni comment elles se placent dans la bouche de l'animal, ni sur quelles parties elles doivent agir elles ne peuvent jamais être que manquées, soit dans leur forme, soit dans leurs dimensions.

Anciennement on faisait les embouchures creuses en fer très doux ce qui permettait de donner l'épaisseur suffisante aux canons et de conserver les mors légers. Aujourd'hui on fait les mors en fer poli ou en acier avec l'embouchure pleine et pour qu'ils ne soient pas par trop lourds et que l'embouchure s'adapte plus facilement à la branche, les canons sont généralement beaucoup trop minces, conséquemment ils offensent et blessent les barres sensibles. On peut éviter cet inconvénient grave en donnant aux mors de forme à l'anglaise des embouchures à la française c'est ce que j'ai toujours fait pour mes chevaux et pour ceux qu'on m'a donnés à dresser, mais pour cela il faut les faire emboucher par un éperonnier au lieu de prendre des mors au hasard dans la 1.re boutique venue .

Les Mors les plus simples sont les meilleurs. Ce n'est que dans l'enfance de l'art que les Ecuyers de la première époque ont compliqué les embouchures d'une multitude de pièces aussi ... inutiles. Plus l'Art de l'Equitation s'est perfectionné plus les mors sont devenus simples et doux et je dois le répéter quelle que soit sa supériorité mécanique le meilleur mors deviendra un instrument de supplice pour le cheval, s'il est dirigé par une mauvaise main (V. Art de la main de la bride)

Deux espèces de mors suffisent pour presque tous les chevaux . Depuis longtemps j'ai reconnu qu'on pouvait s'en tenir à deux mors uniques pour beaucoup de chevaux il ne s'agit que de bien les préparer au bridon d'école. Ce sont 1.° La gorge de pigeon à liberté basse avec des gros canons et des branches flasques pour les bouches très sensibles 2.° La gorge de pigeon légèrement talonnée, canons plus minces, liberté grande et haute et branches droites pour les chevaux qui exigent plus de tenue .

Des Branches.

Mises en jeu par les rênes les branches font tourner et appuyer les canons sur les barres et déterminent l'action de la gourmette sur la barbe . Cette double pression augmente à mesure que l'on attire les branches vers l'encolure (V. Art de la main de la bride).

La branche considérée dans son mécanisme est un bras de levier dont la puissance réside au bas de la branche sur les anneaux où les rênes sont fixées. Le point d'appui de ce levier se trouve à l'œil où s'attache le porte-mors, et la résistance à vaincre par l'embouchure a lieu sur les barres ou la bouche du cheval . On conçoit facilement que plus la branche est longue plus son levier a de puissance, mais cette branche peut être contournée de diverses manières sans pour cela que sa puissance de levier augmente ou diminue. Cette augmentation ou diminution d'aura lieu que si elle cesse d'être dans la ligne, c'est à dire :

Si le bas de la branche ou anneau de rêne est en avant de la perpendiculaire qui traverse le fonceau, elle est dite hardie et a plus de force de levier .

Si le bas de la branche est en arrière de cette perpendiculaire elle est dite flasque, et perd de sa puissance de levier .

Si la branche est absolument dans la perpendiculaire (dans la ligne) elle est dite Droite ou branche droite à Pistolet alors sa puissance de levier ne réside plus comme je viens de le dire que dans son plus ou moins de longueur . La branche droite est la plus généralement employée avec les mors à l'anglaise et elle convient à un grand nombre de chevaux :

Trois Branches principales pour la Direction .	Deux Branches principales pour la Longueur .
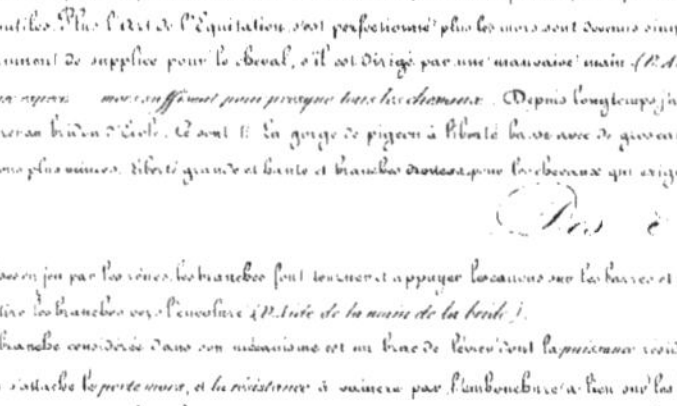	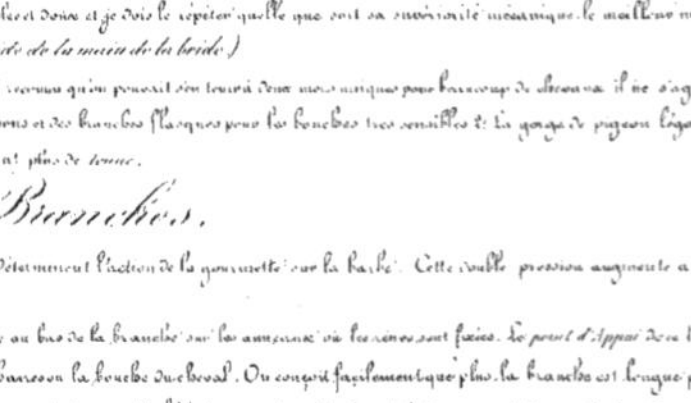

N.° Ces deux branches sont garnies de bossettes qui recouvrent les fonceaux.

Lith. de ...

Gourmette ancienne à la Française

Crochet

De la Gourmette.

Gourmette plate

Crochet

La gourmette plate est préférable à la ronde dite *gourmette à la française* cette dernière ayant trop d'action sur la barbe. La gourmette est fixée à la branche droite du mors, et l'est à la gauche par le crochet. Elle se compose de mailles qui doivent être bien flexibles et bien polies plus larges au centre qu'aux extrémités pour se contourner autour de la barbe sans la blesser. *Le but de la gourmette* est d'empêcher le mors de faire la bascule. Quand les branches agissent elle fait une pression sur la barbe de même que le canon fait une sur les *barres*, et c'est pour éviter la douleur résultant de ces deux pressions que le cheval qui a bonne bouche et qui est dressé obéit à l'arrêt le plus léger (*l'Aide de la main de bride*). Si la *gourmette est trop longue* le mors n'est point assuré, les branches ont trop de jeu et elle devient nulle. *Trop courte*, elle peut blesser la barbe, même quand la branche [illegible] et faire renverser le cheval dont la bouche est très sensible elle a beaucoup trop d'action. Il faut garnir la gourmette de linge et la tenir très longue les premières fois que [illegible] certains chevaux dont la barbe est maigre et sensible à l'excès. *La gourmette n'est rarement à sa juste place avec les mors Anglais ou à l'Anglaise* parceque le crochet et l'S au lieu de passer dans un *œil de perdrix* placé au dessous de *l'œil du mors*, sont fixés dans cet œil même; il en résulte que si l'œil est assez haut la gourmette remonte au dessus de la barbe et manque ainsi son effet; si elle est à sa juste place c'est *l'œil du mors* qui est trop bas et c'est alors la branche qui manque son effet. [illegible] pour le crochet et l'S est d'invention moderne; il n'y en avait point aux anciens mors mais pour éviter l'inconvénient que je viens de signaler les Écuyers de cette [illegible] de crochets et d'S d'une très grande longueur; Mr. Seguin(?) n'a fait que copier ceux des mors du 16e. Siècle.

Au chaînon du milieu de la gourmette est un trou où passe un maillon qui réunit la *chaînette* à la gourmette. Deux autres chaînettes se joignent de la même manière [illegible] branches. *Le but des chaînettes* est d'empêcher le cheval *de prendre la branche* avec la lèvre. Comme les mors à l'Anglaise n'ont point de chaînettes et que [illegible] plus de mode les branches doivent être percées d'un *passant* pour recevoir une petite lanière de cuir qui s'ajuste par une boucle et passe dans un anneau au milieu de [la] gourmette. Cette lanière fait les mêmes fonctions que les chaînettes; ceux qui n'en connaissent pas l'usage l'appellent *fausse gourmette* mais le bon sens indique que c'est [illegible] qui est son vrai nom. *Observations sur les bons et mauvais effets du mors dans la bouche du cheval.* Quand le cheval éprouve du plaisir et *goûte le mors*; la bouche est remplie d'écume blanche la langue et les barres sont fraîches et de couleur rosée. Quand il frappe ses dents l'une contre l'autre par un mouvement cadencé qui [accor]de avec celui de ses pieds sur le sol cela s'appelle *croquer la noisette*. Cette expression donne beaucoup de grâce et d'agrément au cheval et les Écuyers de tous les pays l'ont [illegible] recherchée dans leurs chevaux. *Quand le cheval souffre de l'action du mors*, il a les dents serrées l'une contre l'autre la bouche est sèche, la langue et les barres [so]nt de couleur violette et ces parties sont souvent saignantes, les mouvemens de l'animal au lieu d'être cadencés sont au contraire inégaux et convulsifs. Ce sont les [illegible] manège qui disposent le cheval à *goûter son mors*; le train forcé en le mettant sur les épaules lui abîme la bouche en lui donnant de *l'Appui sur le mors*.

Observations sur l'entretien des mors.

Il est indispensable que l'embouchure soit entretenue dans une grande propreté. Anciennement cet entretien était aussi simple que facile parceque les mors à la Française [illegible] en fer étamé et cet étamage se renouvellait de tems en tems et à peu de frais. Ceux qui servaient aux chevaux du Roi, des Princes et des officiers supérieurs [ne se disting]uaient que par de riches *bossettes* ciselées et armoiriées d'or et d'argent. Les mors Anglais étaient en fer plaqué d'argent et ce plaqué était d'une telle solidité et perfe[ction qu']ils avaient l'air d'être en argent massif et duraient dans cet état pendant longues années, mais les embouchures de même que celles des mors modernes étaient très [illegible]. Les mors de fer ou d'acier poli, généralement adoptés aujourd'hui à l'imitation des Anglais, exigent les plus grands soins. Quand on n'a pas comme dans les [écuri]es Anglaises, beaucoup de grooms occupés à écurer du matin au soir, il n'arrive que trop souvent que le domestique qui rentre avec plusieurs chevaux couverts de boue [illegible] commence d'abord par écurer ses étriers et ses mors afin de s'éviter la peine qu'ils lui donneraient plus tard si la rouille avait le temps de s'y mettre; pendant [ce] tems là, les pauvres chevaux se morfondent, au lieu d'être bouchonnés à fond et sont nécessairement exposés à des répercussions. Cherchant avant tout la *conservation* [de]s chevaux sans m'embarrasser de ce qui est de mode ou non, je dis que le tems perdu aux équipages de fer poli, nuit beaucoup plus qu'on ne croit au bon *pansement* [et] à la santé de ces précieux animaux.

Observations sur le mors d'attelage.

Le plus grand défaut de ces mors est d'avoir des branches excessivement longues; ceux de la dernière mode semblent avoir été copiés des tems barbares. Aussi voit-on que les [chev]aux conduits avec ces instrumens de torture s'écrasent sur leurs jarrets et ne durent pas longtems. Les guides que l'on met toujours *en bas* sans aucun discernement les empê[ch]ent souvent de *donner dans le collier* et les font descendre par leur seule pesanteur. Menés sur un énorme bridon qui remonte vers les machelières en fendant la commissure des [lèvres] [illegible] beaux chevaux de Tilbury ont le nez au vent comme des brochets, et pour loger tout ce fer inutile, ils ouvrent la bouche tant qu'ils peuvent; cette partie loin d'être [illegible] est desséchée par la poussière qui s'y amasse comme dans une ornière, souvent elle est ensanglantée par les pincemens qui se font entre l'embouchure et le [bridon d']enrênage. Si la raison pouvait prévaloir sur un caprice de mode qui a déjà causé plus d'un accident, je conseillerais *un ménage* bien simple pour avoir des [chev]aux de Cabriolet et de Tilbury très agréables et très sûrs à conduire. Il consiste à employer un mors léger à branches courtes différant peu d'un mors de selle et d'y [ajouter] un bridon d'enrênage de 3 pièces un peu plus gros seulement que le bridon de selle avec de grands anneaux afin de l'empêcher de tourner dans la bouche; c'est [à ces an]neaux que l'on met *les grandes guides* pour mener le cheval comme avec le bridon d'École. Ce bridon devient alors beaucoup plus mobile tout en servant *d'enrênage* [illegible] de remonter et de fendre la bouche parceque les guides qui y sont fixées le ramènent nécessairement dans leur direction horizontale. On met *les petites guides ou guides* [illegible] au mors qui ne sert que très rarement et quand le bridon est insuffisant. Sans être gêné le cheval est beaucoup plus obéissant et plus agréable que mené *au [illegible]* dont l'effet est toujours *[illegible]*. J'ai adopté ce ménage depuis bien longtemps pour mes chevaux et pour ceux que l'on m'a donné à dresser et je puis assurer [qu']il est excellent, je l'ai pris de Mr. Vigogne qui commanda les attelages de Napoléon, Louis XVIII et de Charles X et qui fut l'homme le plus entendu dans cette partie. [Ce] ménage est très avantageux aujourd'hui que l'on ne veut que des chevaux à *deux fins*. Ceux qu'on monte en sortant de la voiture, ne sont jamais pesants et maussades à la [main] comme cela arrive toujours quand ils ont été conduits *au banquet* ou par les petites guides.

Effet du Ménage moderne des Anglais.

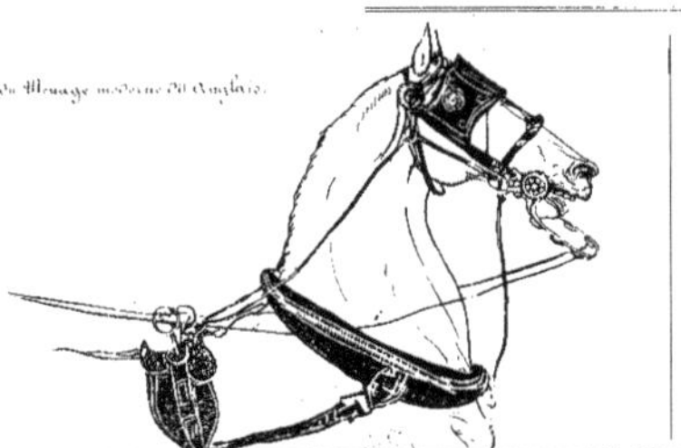

Effet du Ménage à la Vigogne.

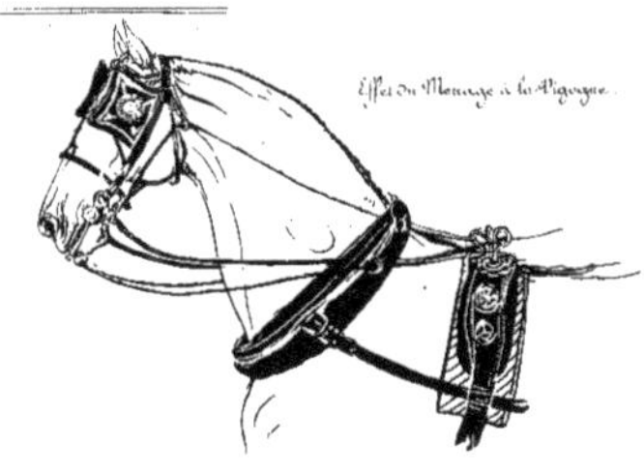

Mors Anglais moderne.

Un pied de devant [illegible]

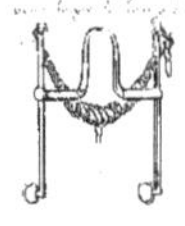

Mors à l'Anglaise

Embouchure Française.

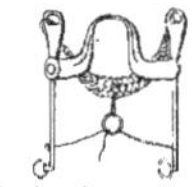

J'ai fait faire les premiers en 1810.

Mors à la [illegible].

Ou mors allemand. 1815.

Mors à la Seguin(?) 1824

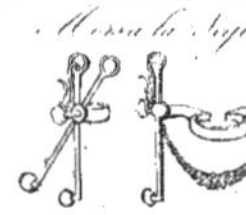

L'Embouchure est placée horizontalement dans la bouche du cheval. La langue passe dans la liberté comme dans un anneau applati dont la partie ouverte n'est pas assez grande pour qu'elle puisse en sortir. Le but de l'auteur a été de préserver les barres des offenses d'une mauvaise main et il a très bien réussi. Les branches en tournant sur le canon comme sur leur axe font que l'action du mors est toute dans la gourmette il devient absolument nul si elle casse ou se décroche. L'anneau ou banquet pour attacher la rêne en supprimant le bridon a dû produire le plus mauvais effet et dégouter de ce genre de mors dont beaucoup de personnes n'ont eu que le mauvais côté. Avec un bridon et une *fausse chaînette* comme je l'ai fait exécuter et surtout avec une bonne main, le mors à la Seguin(?) produit le meilleur effet sur certains chevaux. Il est bon de garnir la gourmette d'un *feutre*. Mr. Seguin(?) l'a si bien senti qu'il a longtems recherché une gourmette élastique.

Mors à la Rochefort.

1837.

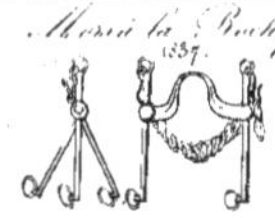

Le Cte. de Rochefort n'a pas voulu faire une embouchure nouvelle et unique. Toute son invention réside dans la branche qui prend les trois directions au moyen d'une vis de pression extrêmement solide, bien que le mors soit d'une forme élégante et légère.

Mors à la [illegible].

1837.

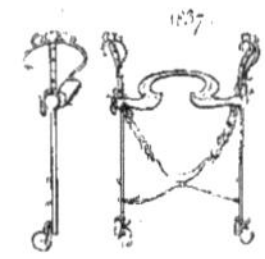

L'embouchure ressemble beaucoup à celle de Seguin(?) mais se place différemment dans la bouche. La gourmette est en partie copiée sur l'ancienne. [illegible] la branche prend les trois directions selon la manière dont on attache le porte-mors.

Mors d'attelage à la Française.

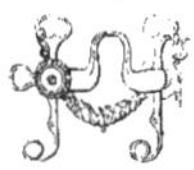

[illegible] copié sur un de ceux des Écuries de l'Empereur Napoléon.

Mors Ancien Moderne 1830(?)

En comparant ce mors d'attelage avec celui à la française du 17 Siècle on voit combien les modernes ont fait de progrès dans la longueur et la dureté des branches.

Mors brisé 17me. Siècle.

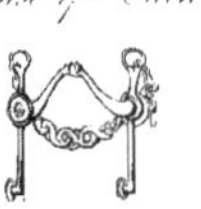

Dans l'opinion de tous les Écuyers et de tous les bons cochers, tout Cheval qu'on attèle pour les premières fois doit avoir un mors brisé.

Mors d'attelage à la Vigogne.

1810.

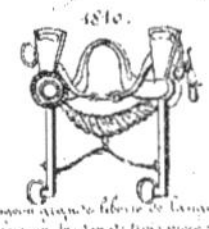

[illegible] grande liberté de langue. Sur l'anneau(?) [illegible] un bridon de trois pièces servant d'enrênage et les grandes guides. Branches courtes avec fausse chaînette.

Lith. de [illegible]

PL. XIV. (V. Chap.^e 25, pages 114 et suiv.^tes où la PL. 17 est indiquée par erreur.)

Du Caveçon de Longe ou de la Longe.

1. 2. 3.

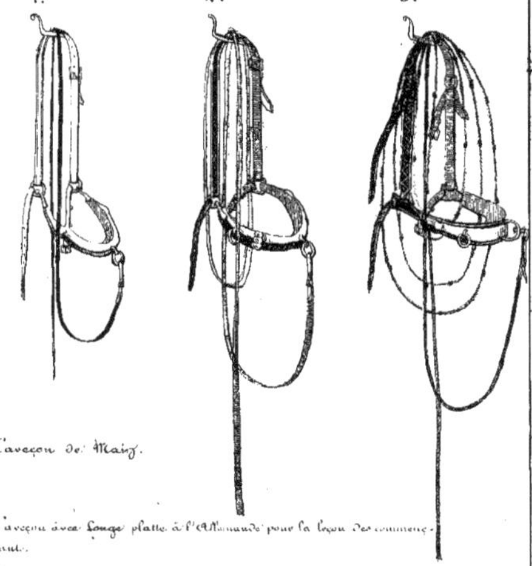

1. Caveçon de Main.
2. Caveçon avec Longe platte à l'Allemande pour la leçon des commençants.
3. Caveçon de force avec Longe à noeuds pour les chevaux qui se défendent.

Jeune cheval assouplé sur le cercle à la Longe.

PL. XV. (V. Chap.^e 26 pages 119 et suiv.^tes où la PL. 17 est indiquée par erreur.)

De la Chambrière.

Jeune cheval chassé en avant par la Chambrière.

1. 2. 3.

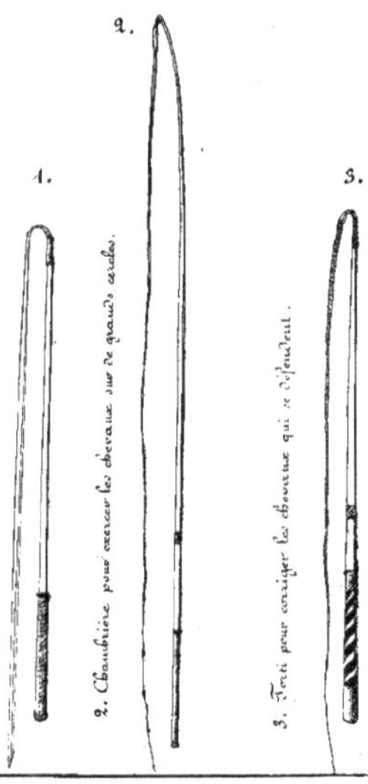

1. Chambrière d'Académie pour donner leçon.
2. Chambrière pour exercer les chevaux sur de grands cercles.
3. Fouet pour corriger les chevaux qui se défendent.

Lith. de C. Motte.

PL: XVI. *(V. Chap.^e 27 pages 122 et suivantes où la Pl. 19 est indiquée par erreur.)*

Du Surfaix d'enrênage dit à l'Allemande.

Leçon de deux Pistes, la Tête au mur. La barrière franchie au Commandement. Leçon pour passer les coins au galop.

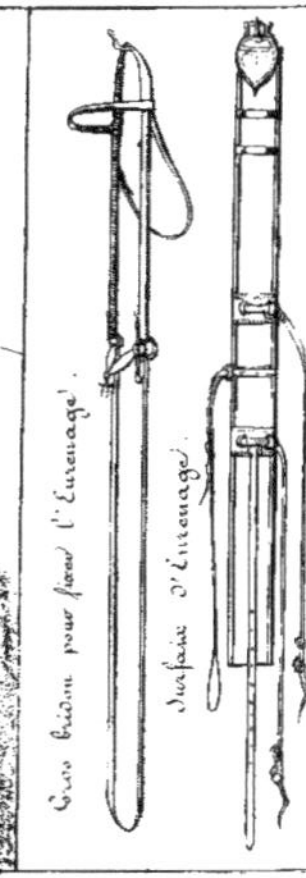

(V. Chap.^e 27 pages 122 et suivantes où la Pl. 19 est indiquée par erreur.) **PL: XVII.**

De la Martingale.

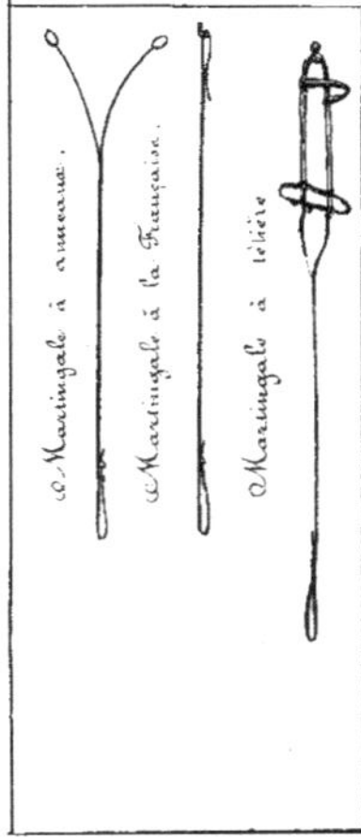

Arrêt du bridon, la bride rendue, pour faire agir la Martingale.

Le Cheval qu'on dresse, bien que naturellement placé doit avoir une Martingale de rappel.

Le Corps bien d'aplomb, l'assiette juste et immobile, les mains très basses et assurées ne suffisent pas toujours pour ramener le cheval qui porte au vent.

Lith. de C. Motte.

Double bridon d'école ; les rênes longues.

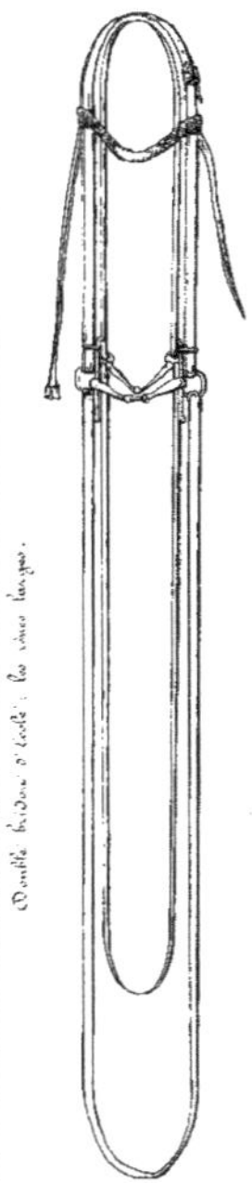

Inconvénient du Bridon simple sans Martingale il fend la Commissure des lèvres sans agir sur les barres.

Le Bridon simple avec la Martingale à anneaux est bon pour décider un cheval au trot à l'Anglaise.

On donne du jeu à la bouche du jeune cheval en faisant agir les deux bridons à la fois.

Autre manière de tenir les rênes du bridon adoptée par quelques écuyers. elle ne convient point aux commençants.

PL: XVIV. *(V. Chap.e 31 pages 133 et suiv.tes ou la Pl. 22 est indiquée par erreur.*

Des Piliers.

Premières leçons dans les Piliers: elles consistent à faire donner le cheval dans les cordes, à lui apprendre à ranger les hanches aux deux mains et à lui donner du passage.

2.e Progression; C'est le Piaffer bien cadencé, les bras pliés pour marquer les temps.

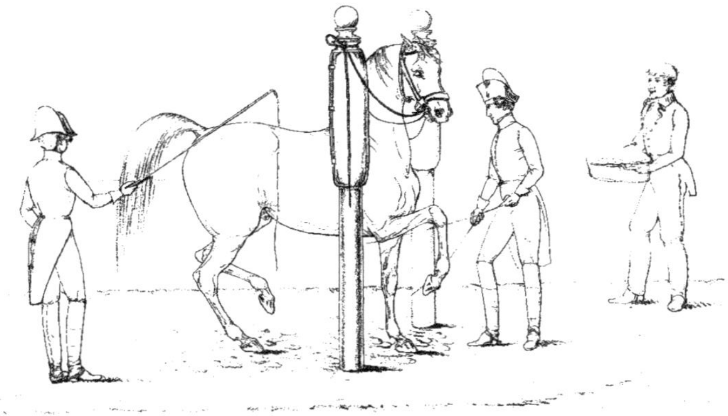

3.e Progression; C'est de faire passer le cheval sans désordre du Passage au Piaffer, du Piaffer à la Courbette et de la Courbette à la Pesade

4.e Progression; C'est de faire arrêter le Cheval immobile à la parole ——

PL. XI. (1er Suppt 38, pages 138 et suiv. où la Pl. 43 est indiquée par erreur)

Lith. de C. Motte.

Vüe de l'ancien Manège des Tuileries.

Je crois devoir dire quelques mots de ce fameux manège des Tuileries qui fut transformé en chambre ardente pour les séances de la Convention Nationale et auquel se rattachent tant d'évènemens historiques. C'était un très beau manège du même style et sur la même Echelle que celui de l'Ecole militaire de Paris qui existe encore aujourd'hui et que j'ai aussi reproduit dans ces planches. Le manège des Tuileries portait le nom d'Academie Royale d'Equitation, il fut successivement dirigé par M. M. de Dugast et de Villemotte; on l'appelait aussi Manège des Pages d'Orléans. Il était placé où est à présent la Rue de Rivoli; son extrémité au couchant donnait dans le Passage des Feuillants et ce dernier tenait la place de la rue Castiglione. Les Ecuries et dépendances de l'Académie s'étendaient à droite et à gauche sur une longue ligne depuis le point indiqué jusqu'à la rue du Dauphin et formaient cette Cour du Manège, qui fut le rendez-vous de ces réunions tumultueuses de pétitionnaires armés dont il est si souvent question dans les annales révolutionnaires. C'est dans ce manège des Tuileries que l'odieuse condamnation du vertueux Louis XVI fut prononcée; il servit aussi de salle de réunion à la Société des Jacobins qui essaya vainement de s'y reconstituer après la mort de Robespierre; dans les années qui suivirent on en fit une Orangerie et quand Napoléon fut 1er Consul, son Piqueur Mr Jardin, profita du moment où le Roi d'Espagne venait d'envoyer en présent quarante beaux chevaux au futur Empereur, pour demander et obtenir que le manège des Tuileries fut rendu à sa première destination et l'Orangerie fut transportée où elle est maintenant. Ce beau bâtiment disparut avec tant d'autres pour faire place aux nouvelles rues.

Les Cavaliers que je place dans le manège des Tuileries, en rappelant mes souvenirs de jeunesse sont des militaires de la Garde constitutionnelle de Louis XVI. Cette garde commandée par Mr le Duc de Brissac, fut licenciée peu de tems avant les massacres du 10 Août 1792.

XI: V. Chap. 25 pages 143 et suiv. où la Pl. 24 est indiquée par erreur.

De ce qu'on entend par rassembler son Cheval.

La première des figures ci-dessous représente le cheval dans les quatre principales positions d'encolure et de tête qu'il prend naturellement sans être monté. On voit dans les planches de ce traité que les chevaux travaillant régulièrement sont tous à peu [illegible] dans la 4ème position de cette figure que j'ai empruntée au savant ouvrage de Dupaty de Clam; cet auteur indique avec raison la 4e position naturelle comme la plus belle et la plus convenable pour l'imitation.

La première dit-il est celle de l'animal en liberté et lorsque n'étant gêné par rien, il s'abandonne sur les épaules et tend le col sans le soutenir. La 2e est celle où il [illegible] lorsque cherchant à se [illegible] et se raidissant sous l'homme, [illegible] pour éviter la douleur du mors jette le haut de la tête fort en arrière. La 3e est celle où il s'encapuchonne, c'est l'attitude de tous les chevaux dans les auteurs excepté dans Laguérinière; le cheval au lieu de [illegible] d'être sur les hanches arrondit son col mais en baissant sa partie supérieure ainsi que [la] tête en sorte que le menton s'appuie presque sur le poitrail. La 4e est celle que tout cheval bien placé doit avoir, celle qu'il prend en liberté lorsqu'il s'anime de lui même et qu'il étale toute sa beauté, celle que j'ai adoptée parce que la nature la favorise et parce qu'elle contrib[ue] à l'équilibre de l'animal. Des auteurs ont prétendu que le cheval dressé celui donnant dans la main devait avoir le front perpendiculaire à la terre. Ce sont ceux même après Newcastle d'autres écuyers de la première époque qui voulaient que le cheval fût encapuchonné. Si quelques [che]vaux par une disposition particulière de l'encolure peuvent avoir le front perpendiculaire au sol, il est bien difficile qu'ils ne s'encapuchonnent pas dans le moment de l'arrêt et dès lors il n'y a plus de justesse ni d'équilibre. Quand le cheval est bien placé dans toute sa beauté soit [mo]nté, soit en liberté, sa tête se trouve dans la diagonale de son carré long.

Cheval dans les 4 principales Positions Naturelles.

Jeune Cheval sans force marchant sans être rassemblé ou 1ère position naturelle.

Cheval portant au vent par la contrainte du Mors, ou 2ème Position naturelle.

Cheval trop rassemblé par une mauvaise main et un mors trop dur ou 3ème Position naturelle.

[Ch]eval naturellement rassemblé dans un parfait équilibre ou 4e position naturelle la plus belle à la vue et la plus agréable à l'écuyer

Cheval avec le front perpendiculaire au sol; position qui n'est pas naturelle.

PL. XXII (V. Chap.e 34 pages 147 et suiv. où la Pl. 25 est indiquée par erreur) Lith. de C. Motte

Des Reprises d'Ecole.

Vue du manège de l'Ecole Royale Militaire dirigé par M.r le Chevalier d'Auveigne 1788.

Vue du Manège construit Rue de Ponthieu par M. Aubert et dirigé par lui jusqu'en 1830.

(Cet Établissement est tenu aujourd'hui par M. Latry.)

Pl. XVIII (...) De la Reprise individuelle pour le départ et l'Arrêt du Galop.

PL : XXIIII (V. Chap. 36 pages 153 et suiv où la Pl. 27 est indiquée par erreur)

De la Reprise double et croisée.

Lith. de C. Motte

Vue du manége Tassinari.

Situé Rue du Faubourg Montmartre.

Ce Manége construit par Mr. Tassinari en 1831 et toujours dirigé par ce Professeur, est beaucoup plus grand que tous les manéges publics bâtis à Paris depuis quelques années. Le Manége Tassinari est parfaitement éclairé par le gaz pendant les soirées d'hiver.

lith. de C. Motte

PL: XXV *(V. Chap. 37 pages 155 et suiv. où la Pl. 22 est indiquée p. erreur)* De plusieurs mesures d'ordre qui s'observaient anciennement dans les Écoles d'Équitation.

Vue du grand Manège de Versailles dirigé par M. le Vte d'Abzac (1826).

Ce beau manège dont l'institution date du grand siècle de Louis XIV, conservé en 1793 pour l'instruction des troupes à Cheval de la République, réorganisé en partie sous l'Empire pour les Pages de Napoléon, puis remonté en grand à l'avènement de Louis XVIII fut impitoyablement supprimé par la révolution de 1830. Les Écuyers et les Piqueurs formés à cette belle École furent encore une fois dispersés; moins heureux que leurs pères qui perdirent aussi leurs places à la maison du Roi Louis XVI lors de la première révolution, ils ne trouvent guère aujourd'hui à exercer ce talent d'homme de Manège qui aux yeux de bien des gens n'est plus qu'un ridicule. Dans un siècle essentiellement Anglomane les Jockeys Anglais ont naturellement la préférence sur les Écuyers Français. Quant à tous ces beaux chevaux de haute École, à ces sauteurs de piliers et en liberté du manège de Versailles, s'ils avaient un grand prix pour une Académie d'Équitation ils n'avaient que peu de valeur pour traîner des voitures de place: la plupart furent vendus pour le prix 12, 15 et 20 fr!... Je laisse au lecteur à juger si en refusant quelques fonds d'entretien à une École qui fit l'admiration des connaisseurs de tous les pays pendant plus d'un siècle, on fit une économie bien entendue. Je demande encore si les sommes énormes que l'on prodigue annuellement aux Courses promettent un grand succès à nos espèces chevalines; si en proscrivant partout les Manèges d'Équitation Française, notre cavalerie montée à l'anglaise avec des Chevaux de sang, sera plus belle plus régulière en temps de paix et bien plus redoutable en cas de guerre? On m'assure que le Jockey Club répond par l'affirmative, mais le Jockey Club est-il seul compétent pour juger en dernier ressort cette grande question d'intérêt national? Je ne le pense pas.

PL. XXVI et XXVII (V. Chap. 40 pages 165 et suivtes où les Pl. 29, 30, 31 et 32 sont indiquées par erreur)

Des Allures

...turelles.

Le Galop uni à Droite.

Le Galop faux à Droite.

Le Galop uni à Gauche.

Le Galop faux à Gauche.

L'Amble allure défectueuse.

L'Aubin allure défectueuse.

PL: XXVIII. (V. Chapʳ 40, pages 171 et 172) *Allures artificielles airs bas ou près de terre.*

Le Passage. — La Galoppade.

Volte à Droite. — Pirouette à gauche.

Le terre à terre. — Le Mézair.

A.J.

Lith. de L. Motte.

Pl. XXVIII. (L. V. Chap. 3e pages 171 et 172)

Allures artificielles airs relevés.

Pl. XXX (V. Chap. 47 pages 194 et suiv. où la pl. 33 est indiquée par erreur.

Du Bridon joint à la bride

et de son avantage pour donner le pli.

Bon effet du Bridon de trois pièces.

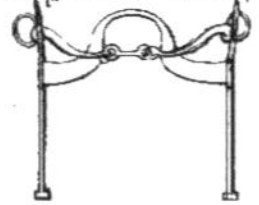

Les Commissaires ne se servent que de ce bridon attendu qu'il se contourne sur la liberté de langue sans avoir l'inconvénient de porter sur le palais et qu'il agit plus finement que celui qui n'a que deux pièces.

Bridon de deux Pièces.

Ce bridon que l'on nomme aujourd'hui à tort *bridon Anglais* a le grand défaut de faire un angle aigu qui offense le palais quand la gourmette est serrée. Comme il exige moins de main d'œuvre, les fabricants l'ont adopté de préférence au bridon de 3 pièces et ceux qui n'ont aucune idée de la manière de brider un cheval l'ont pris pour un perfectionnement.

Bridon de trois pièces.

Ce bridon s'appelait autrefois *bridon Anglais*. Du tems de Louis XIV, on s'en servait en Angleterre pour les chevaux de course et de chasse. A cette époque l'École de Versailles n'employait point encore le bridon joint à la bride. A l'Armée on mettait une seconde paire de rênes à l'Arc *du banquet* que l'on appelait *fausses rênes*, ces fausses rênes servaient aussi pour les jeunes chevaux qui ne connaissent pas le mors.

Mauvais effet du Bridon de deux pièces.

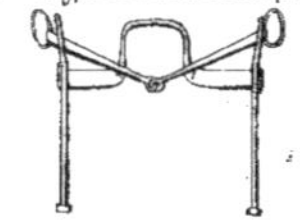

On comprend facilement par cette figure que outre le défaut de porter sur le palais ce bridon ne peut avoir ni la mobilité ni la justesse de celui de trois pièces.

Arrêt de la bride la main basse pour *ramener* le Cheval. — Arrêt du bridon la main haute pour *relever* le Cheval. — Effet de la rêne droite du bridon pour donner le pli; la gaule doit être sur la Cuisse. — Arrêts alternatifs de la bride et du bridon la gaule doit être sur l'épaule du cheval.

lith. de C. Motte

Pl. XXXI (V. Chapt. 49 pages 204 et suiv. où la pl. 33 est indiquée par erreur)

De la marche sur les hanches ou de deux Pistes.

Il faut bien se rappeler que lorsqu'on fait fuir la jambe droite, la gauche doit être tombante et non écartée du corps du cheval, comme le font toujours les cavaliers ignorants.

Lith. de L. Motte.

PL. XXXII. 1er Chap. 3e pages 213 et suiv. où la Pl. 36 est indiquée par erreur.

Des Étriers.

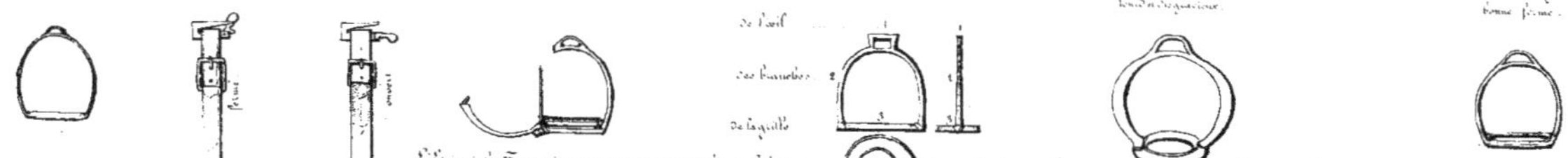

L'Étrier à la Française est grand commode et léger. L'Étrier monstre est adopté par quelques personnes dans la vue de faire tendre l'étrivière d'aplomb. Mais il n'y a qu'à avoir des étrivières minces et souples, au lieu de se servir de celles qui sont épaisses et roides et elles tomberont toujours d'aplomb avec les Étriers les plus légers. L'Étrier à ressort a été inventé pour éviter que le pied reste engagé après une chute de cheval. Comme il est très lourd on l'a remplacé par des porte-étrivières à ressort. En cas de chute c'est l'étrivière qui se sépare de la selle. L'Étrier à l'Anglaise ne doit être ni trop lourd ni trop léger; il a la même forme que l'Étrier de course. Que la grille de cet Étrier soit pleine ou creuse peu importe, mais elle doit présenter de petites arrêtes pour empêcher le pied de glisser dessus. Les points piqués sont loin de remplacer ces arrêtes : ils disparaissent facilement par un écurage continuel et rendent l'étrier difficile à tenir sans le chausser.

Effet de l'Étrier à sa juste mesure.
bien assis les cuisses et les jambes tombantes le pied placé horizontalem.t

Effet de l'Étrier trop court.
Assis loin du pommeau, le genou raccroché, la pointe du pied en l'air.

Effet de l'Étrier trop long.
Sur l'enfourchure point de tenue la pointe du pied basse; les jambes en pincettes.

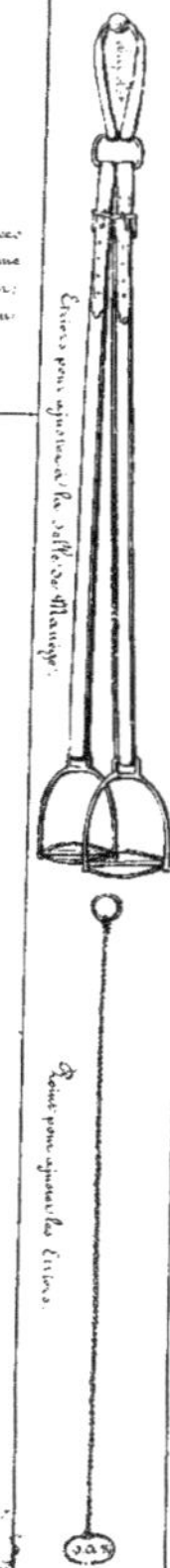

Le Cavalier qui a besoin d'un serviteur pour ajuster ses étriers est bien faible. Le bon cavalier les ajuste lui même pendant que son cheval saute de gaité.

Lith. de C. Motte.

PL. XXXIII. *1e Chap. 3e pagès 77 et suiv. où la Pl. 3 est indiquée par erreur*

Les Balotteurs Sauteurs de piliers et Sauteurs en liberté.

Lith. de C. Motte

Pl. XXXIV.

Lith. de Thierry Frères à Paris.

LE FLORIDO,

Cheval Espagnol monté par M. AUBERT,

dessiné d'après nature par M. Alfred Johannot.

(Voir la Note page 236 chap. 31. des Ballotteurs, Sauteurs de piliers et Sauteurs en liberté, où la Pl. 39 est indiquée par erreur)

Pl. XXXV. (V. Chap: 34 pages 245 et suiv. où la Pl. 40 est indiquée par erreur) *Des Reprises d'épreuve pour reconnaître si le cavalier sent bien ses chevaux au départ du galop; Emploi de mon collier à cet effet.*

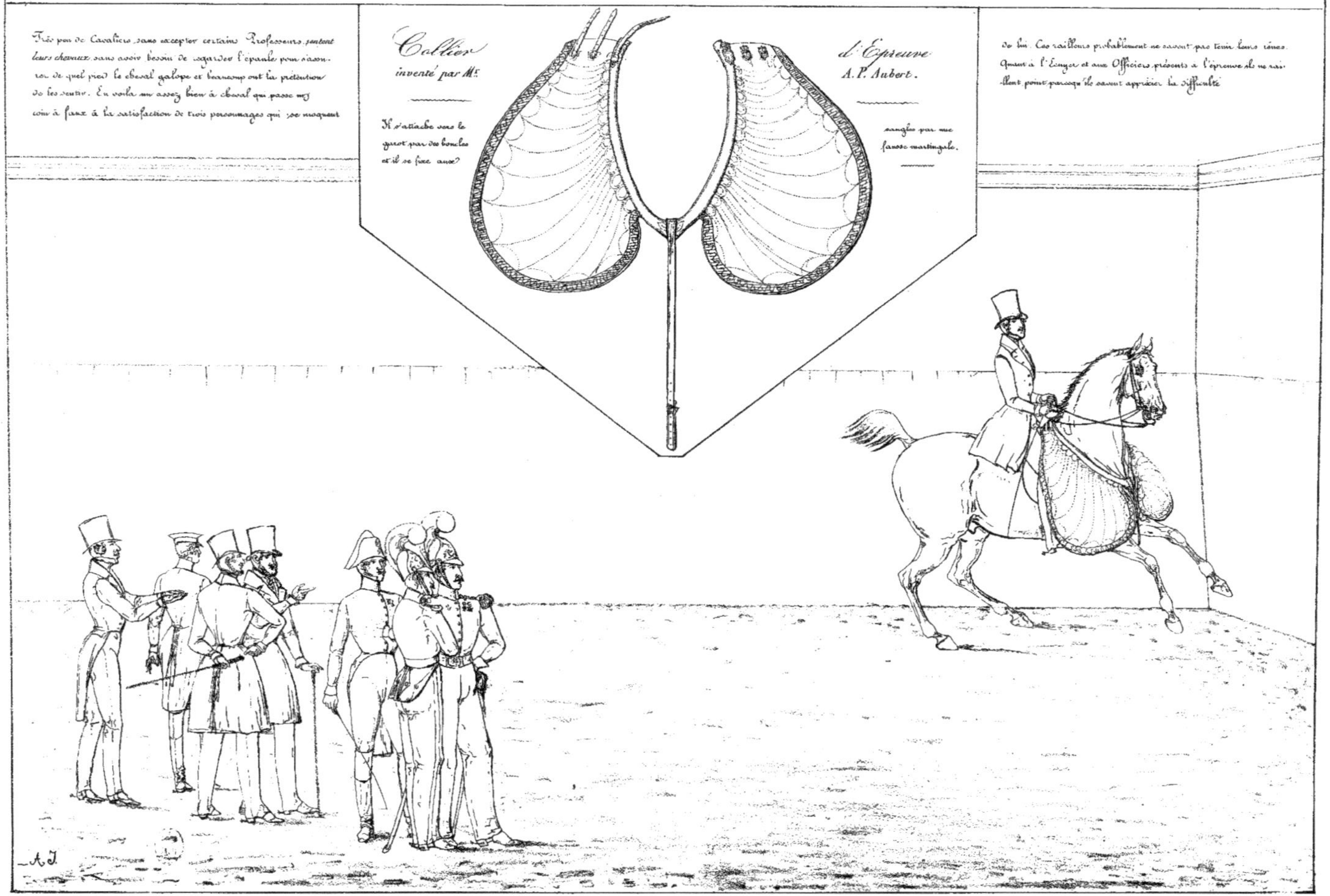

Lith. de C. Motte.

PL. XXXVI (V. Chap. 56 pages 257 et suiv. où la Pl. 41 est indiquée par erreur)

Des Reprises de haute École

Vue du Manège Royal situé alors rue Cadet et dirigé par Mr. Augte Pellier (1827.)

lith. de C. Motte.

Vue du manège de S.t Cloud.

Construit sous l'Empire d'après celui des Tuileries, moins grand que ce dernier et arrondi aux deux bouts.

Ce Manège était dirigé par M.r Jardin qui y forma plusieurs élèves remarquables; il servait particulièrement à l'instruction des Pages de Napoléon. Les lanternes indiquent assez que l'Ecole commençait dans l'hiver longtems avant le jour. L'Archi-Duchesse Marie-Louise prit aussi des leçons à ce Manège. Un jour que l'Empereur avait été présent à l'une de ses leçons, il dit à son Ecuyer de porter de sa part un billet à M.r Estève Trésorier de sa maison; Ce billet n'était autre qu'un ordre de payer 30,000 fr. de gratification à M.r Jardin. On voit qu'à cette époque on faisait encore quelque cas du talent d'un Ecuyer de Manège. L'Empereur n'était point Anglomane ce fut toujours son moindre défaut.

Ce beau Manège est abandonné depuis longtems; il tombe en ruines aujourd'hui (1837) et sera probablement démoli sous peu.

Pl. XXXVIII (V. Chap. 61 pages 277 et suiv. où la Pl. 43 est indiquée p. erreur) Sur l'expression vicieuse de prendre le mors aux dents.

PL. XXXVIIII. (V. Chap. 6e pages 279 et suiv. où la Pl. 46 est indiquée par erreur.) Manière de soumettre la position du cavalier à l'épreuve la plus sévère.

Effet du juste à plomb dans toutes les parties du corps.

Positions d'après les principes du manège à la Française.

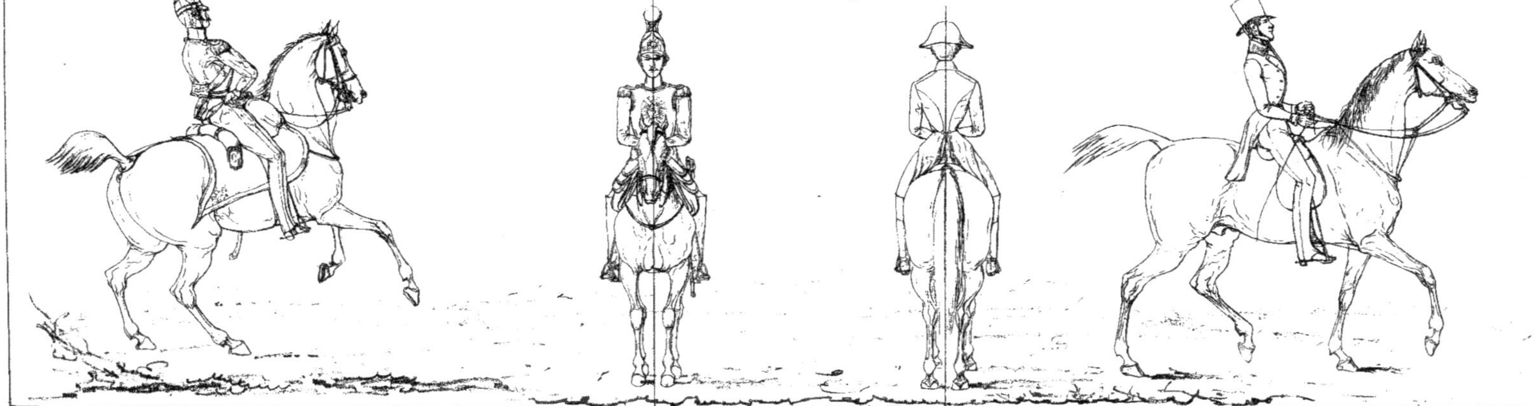

Effet de l'absence d'aplomb dans la base ou dans les autres parties du corps.

Positions dégagées des règles de l'École où chacun fait du beau à sa manière.

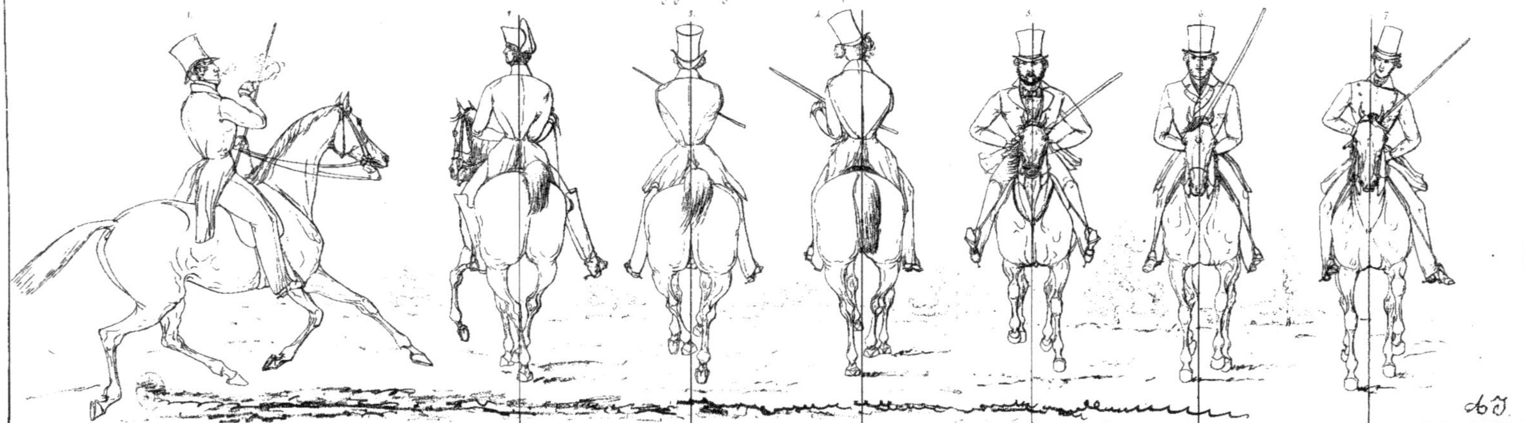

1. Le suprême bon ton pour souffler la bouffée de tabac en marquant le temps de repos du cigare.

2. Farceur jouant de la haute École, il doit être soutenu par une musique enragée.

3. Au course au trot forcé les bras semblent sortir de la poitrine.

4. Un aimable abandon.

5. Quand les genoux sont accrochés au dernier degré, la semelle de la botte se voit dans toute sa surface.

6. Chose des écuyers marquant les pointes des pieds menacent le ciel et la terre à la fois.

7. Cavalier faisant de l'opposition aux les principes du manège qui selon lui gâtent la belle nature.

Lith. de [illegible] Motte.

Pl. XI et dernière. P. la Note de la Page 154.

Lith. de C. Motte

Composition des Quadrilles.

1er Quadrille.	2e Quadrille.	3e Quadrille.	4e Quadrille.
S. E. Comte Trauttmansdorff.	Comte Henrich Hardegg.	Comte [illegible].	Comte Franz Palffy.
Prince Windischgrätz.	Comte Moritz Woyna.	Comte Eugène Wrbna.	Comte Franz Zichy.
Comte Vincent Esterhazy.	Baron [illegible].	Comte Wratislaw.	Comte Ferdinand Zichy.
Constantin Wartensleben.	Comte Ladislas Wrbna.	Comte Felix Woyna.	Comte Edouard Woyna.
Prince Paul Esterhazy.	Comte [illegible].	Baron [illegible].	Baron [illegible].
Prince Karl Lichtenstein.	Comte Wolkenstein?	Comte Gatterburg.	Comte J. B. Bathyany.

www.ingramcontent.com/pod-product-compliance
Ingram Content Group UK Ltd.
Pitfield, Milton Keynes, MK11 3LW, UK
UKHW031935260826
14628UKWH00004B/1632

9 782329 594989